L'ALLIANCE IMPOSSIBLE.

NOUVELLE

EN

FORME DE DIALOGUE,

PAR G...... (DU MÉDOC),

ANCIEN DÉPUTÉ.

Bordeaux,

Imprimerie de Lanefranque, Sr. de Racle,

PLACE SAINT-PROJET, 14.

1841.

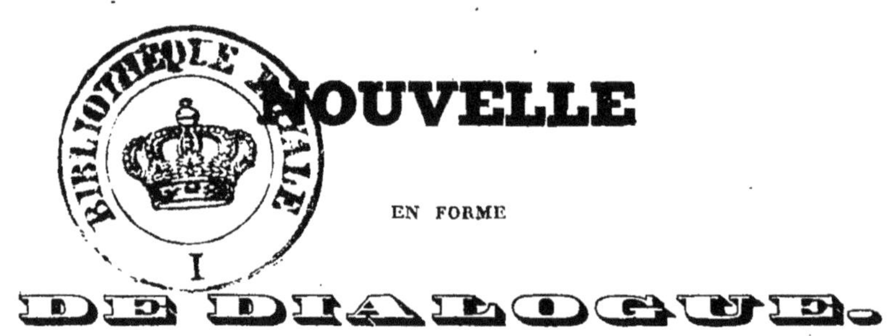

NOUVELLE

EN FORME

DE DIALOGUE.

AVANT-PROPOS.

On a tant parlé de l'alliance des républicains et des légitimistes; les mille voix de la presse la diront si souvent aux approches des élections, que j'en ai fait le sujet de cette *nouvelle*.

Certes, en la publiant, j'ai aperçu toutes les aspérités du terrain sur lequel je me plaçais, entrevu tout ce qu'il a d'inflammable.

Je savais la susceptibilité de l'opinion politique.

Formée par une conviction profonde chez les uns, quelquefois sincère chez les autres, elle est respectable chez tous, si elle est de bonne foi, conforme à la raison et aux grands intérêts de la société.

A ce titre, elle a droit aux égards de tous, et ne peut être soumise qu'à celui d'examen qu'elle exerce à son tour; y porter une atteinte violente serait s'attaquer à la propriété, à la conscience. Je ne l'ai pas voulu faire, je ne l'ai pas fait.

Dès-lors, j'ai dû me borner à mettre en présence les trois

opinions qui se partagent la France et le monde; en montrer deux sous une forme diaphane, allégorique, et donner à la troisième, qui a toutes mes sympathies, le soin embarrassant de dresser le *compte-rendu* de l'entrevue imaginaire que je suppose.

Le lecteur dira si le langage que je leur prête est l'expression fidèle de leurs passions; si la République, par exemple, est bien cette souveraine redoutable de la fin du dernier siècle, qui, déchue aujourd'hui, conserve encore sa parole brève, son geste menaçant.

En regard, lui apparaîtra le Gouverneur, homme grave, aux formes diplomatiques.

Pénétré de l'obligation d'un devoir cher à remplir, on le verra soucieux, inquiet, et revenant sans cesse à l'idée fixe qui le domine.

Tout écrivain, publiciste ou faiseur de romans n'a pas seulement à ennuyer le public; il doit se proposer un but plus noble : l'éclairer, lui être utile, s'il le peut. — Le mien est de signaler : 1°. le danger des coalitions dans ce qui touche aux questions politiques de la solution desquelles dépendent le bien-être ou la ruine des populations; 2°. de montrer qu'une révolution faite par le concours des deux opinions tournerait à l'avantage des républicains, et amènerait infailliblement la perte de leurs imprudents auxiliaires.

LA RÉPUBLIQUE, UN PRINCE, UN GOUVERNEUR.

..... poetis
Quidlibet audendi...., potestas (1).
(Hor., *de Art. poet.*)

La Rép. Recevez mon salut, seigneur H., et que grâces soient rendues au destin qui me permet de vous connaître et de joindre mon épée à la vôtre pour le succès de vos armes contre l'ennemi commun. Vous paraissez surpris de ma présence ?

H. Vaillante guerrière ! j'avoue que je me suis senti ému à votre aspect ; et le fer qui vous couvre tout entière, ce glaive romain sont bien faits pour étonner un peu... Mais l'offre généreuse que vous me faites de vous réunir à mes hommes-d'armes et de servir ma cause sacrée me prouve un dévoûment sincère ; j'accepte vos services.

La Rép. (*Souriant.*) J'admire votre naïve candeur, Prince ; vous pouvez, en effet, compter sur moi et les miens... Toutefois, il est bon de connaître ses amis : vous ne me demandez ni mon nom ni mon rang ; serais-je réellement connue de vous ?

H. Sous l'empire des illusions où je suis depuis longtemps, j'ai cru voir en vous l'une des brillantes amazones du Tasse ou de l'Arioste ; pourtant, en y regardant de plus près, l'oiseau qui vous sert de cimier, et que d'abord j'ai pris pour un aigle, ce bonnet phrygien, vous font assez ressembler à la liberté des anciens que, du reste, je ne connais pas. Quoi qu'il en soit, votre air fier et martial, la beauté de vos armes m'inspirent une haute confiance, et votre race doit être des plus illustres.

La Rép. Mon origine est ancienne, il est vrai, et ma pique suffit pour l'établir et la rendre sensible à tous : la liberté et moi sommes sœurs, je suis la République.

H. (*Portant la main à son épée.*) La République, dites-vous? Cette ennemie cruelle de mon sang royal, et dont le souvenir glace d'effroi mes plus fidèles serviteurs... Perfide! et c'est vous qui m'offrez un insolent appui? Une telle alliance flétrirait à la fois ma gloire et mon nom. Jamais du trône à ce prix; l'épée du grand Henri doit seule m'en ouvrir le chemin. *(Il s'éloigne.)*

La Rép. Un moment, prince; je pardonne à votre jeunesse ce mouvement oratoire que le passé justifie d'ailleurs; la politique a ses exigences : oublions nos vieilles querelles et marchons ensemble au renversement de celui que les *Francs* ont élevé sur le pavois! Aventure plus difficile à surmonter, je vous en avertis, que toutes celles de chevaliers-errants dont vous me parliez tout à l'heure.

Le Gouv. Sachez qu'il n'est donné qu'à ses conseillers-intimes de s'occuper de ce qui le touche; ils lui doivent d'autres enseignements, et vos conseils ne peuvent que corrompre ce noble cœur.

La Rép. Les grandes illustrations de l'époque sont nées de mes leçons, et la première de toutes me devait les soudaines inspirations de son génie : je lui apprendrai la guerre du moins, et à vaincre pour reconquérir ses états.

Le Gouv. Il est d'autres voies pour les lui rendre, et sa naissance lui suffirait au besoin. H. n'a pas à dompter par l'épée ses sujets égarés, et nos mœurs actuelles ne le permettraient pas.

La Rép. Si les droits héréditaires de votre pupille doivent *seuls* lui ouvrir le Louvre, vous attendrez long-temps. C'est par l'assaut des murailles que l'on entre dans la place si l'affection du peuple n'en ouvre les portes, et son aïeul, l'illustre Béarnais, en offre un exemple mémorable. Mais est-ce donc pour discourir que j'ai dû passer le Rhin? Une révolution nous est nécessaire, agissons de concert, et faisons-là sans tarder.

Le Gouv. Le moment n'est pas opportun. La France est en paix, et sa prospérité qui en est la suite ajoute à son amour pour le Régent (2) et ses fils, que le peuple et l'armée saluent de leurs acclamations. C'est là le pire de nos maux : efforcez-vous d'affaiblir l'expression des sympathies publiques, d'arrêter l'élan des cœurs qui se portent vers eux; faites surtout que la partie infime des populations sur laquelle votre action est plus facile, entrevoie et désire, s'il est possible, un changement d'ordre dynastique auquel il faut la préparer.

La Rép. Mes actes passés sont le gage de ce que je vais tenter de nouveau. Cependant, l'avouerai-je ? En présence de tout ce que l'habileté politique offre de plus désespérant, mes desseins les mieux conçus avortent dans l'exécution et tournent à ma honte ; je sens qu'un pouvoir supérieur me frappe d'impuissance, et

« Mon génie étonné tremble devant le sien ».

(Rac., *Trag. de Britannicus.*)

Naguère encore aux dernières calendes (3) d'Auguste et de Mars, lorsque mille préparatifs guerriers annonçaient une collision prochaine, que par mes soins le cri de guerre avait fait taire le cri de la paix, n'a-t-on pas vu cette même influence conjurer la tempête et rendre à l'Europe agitée cet indigne repos que mes légions ne connurent jamais ? Ah ! vienne le jour des combats, il éclairera mon triomphe.

Le Gouv. Il faut préparer le succès pour l'obtenir, et la fougue de vos mouvements, leur peu d'ensemble, ne sauraient vous y conduire. Faut-il le dire ? fille des Grecs ! depuis Juillet (4), à part l'insurrection de Juin et de Novembre (5), vous n'avez rien tenté qui doive ajouter à vos fastes révolutionnaires. Vous avez constamment différé la bataille promise au sein même de la législature par l'un de vos plus ardents sectateurs (6), et perdu l'occasion solennelle du retour des cendres du grand captif pour la livrer : trompant notre attente, loin de combattre autour de son tombeau et de réjouir ses mânes d'un spectacle digne de toute sa vie, vous vous êtes bornée à de vaines clameurs pour faire croire à votre existence politique. Avouez-le, vous avez perdu toute votre énergie, et Philippe vous fait peur.

La Rép. Débile vieillard ! où étaient les vôtres quand j'attaquais notre ennemi au sein même de sa capitale, et que Lyon traitait d'une capitulation avec un maréchal de l'empire ? C'était le moment de vous montrer dans la Vendée, d'y lever l'étendard d'Ivri et de Fontenoy, et d'assurer, par une diversion nécessaire, mes opérations sur l'Isère et sur Paris : je vous cherchais en vain, vous n'étiez nulle part.

Le Gouv. Ce n'est pas par la guerre civile, je l'ai dit, que nous voulons assurer le retour de H. — Sa cause est celle de la légitimité des rois. Eh bien ! que les rois combattent pour elle ; sans doute, ils n'ont pas oublié les traités de Vienne et de Pilnitz (7).

La Rép. La légitimité ! Ce mot est pour vous magique. En l'invoquant, vous croyez changer la nature des choses, amener l'Europe à une levée de boucliers. Quelle démence ! C'est par nous que la révolution doit s'accomplir. — Obtenez seulement des potentats une démonstration militaire sur la Meuse ou le Rhin, et je me charge du reste.

Le Gouv. L'avénement des tories au pouvoir et la précédente convention de Londres (8) auront ce résultat. Celle-ci ne fait que reproduire les traités de 1815 et remettre en présence les deux grands principes qui divisent le monde politique (9) : la lutte entre ces deux derniers est inévitable, et la diplomatie, cette fois, sera impuissante pour en retarder l'heure ; elle sonnera bientôt.

Il y a plus : c'est que la France, laissée en dehors du quadruple traité, et justement mécontente de l'occupation de Saint-Jean d'Acre, des côtes de la Syrie et de la perte de son influence dans la Méditerranée et en Egypte, intervenant à son tour, comme le lui commandent son honneur et son devoir, amènera elle-même le conflit armé que la politique aventureuse du ministère Thiers faisait entrevoir, et que le 29 Octobre n'a pu qu'éloigner.

Dès ce moment, tout est changé... L'Europe revient à des idées d'ordre et de conservation nécessaires à son repos, à sa stabilité, et une autre restauration peut en sortir*.

La Rép. Le temps des oracles est passé, et l'ère à laquelle j'ai donné mon nom ne les comporte plus. — Imprudents!! Vous appelez la guerre... C'est aux miens de la vouloir pour arriver jusqu'à moi à travers une révolution nouvelle. Sachez-le bien! l'intervention étrangère vous perdrait sans retour... Je connais les Français, que j'ai long-temps guidés : ardents, impétueux, ils idolâtrent ceux qui les mènent au combat, et ont pour opinion première celle de vaincre. Au premier cri de guerre, se levant en masse, on les verra se presser autour de Louis-Philippe, à qui l'on ne peut refuser un grand courage et beaucoup de résolution; et après la victoire, c'en sera fait de nous. Une démonstration, au contraire, appelant l'armée à la frontière, affaiblirait d'autant la puissance gouvernementale, et laisserait à mes mouvements plus de liberté à l'intérieur; j'en profiterais pour réunir mes sectionnaires épars, tous mes moyens d'action.

* On n'oubliera pas que c'est le Gouverneur qui parle.

Qu'une rencontre-armée ait lieu entre les belligérants, ne serait-elle que d'avant-garde, les bruits les plus alarmants, répandus avec habileté par mes agents nombreux, en feront une défaite ; à la confiance bannie de la cité succéderont bientôt l'inquiétude, l'agitation et cette mortelle anxiété des esprits qui permet de tout tenter. Alors, qu'un événement imprévu me vienne en aide, j'arme nos plébéiens indociles, et rendant guerre pour guerre à la garde nationale, ma redoutable ennemie, je proclame la révolution au cri de la liberté !

Le Gouv. Et au profit de qui se ferait cette révolution ? Ne serait-ce pas au vôtre ?

La Rép. Qu'importe ? Puisqu'il nous en faut une, je la veux complète, profondément sociale, profitable à tous, et non à quelques-uns, comme vous.

Le Gouv. Je vous entends ! Vous voulez nous faire servir à vos desseins, usurper le rang suprême, vous maintenir au pouvoir par la propagande armée, et faire encore une fois de l'Europe un vaste champ de combats.

Bien que l'accomplissement de ce projet téméraire dût servir un jour notre cause, nous ne voulons pas en assumer sur nous l'effrayante responsabilité, et je me reproche vivement cette entrevue que H. ne me pardonnera pas. Adieu, maudite; je cours réchauffer le zèle des partisans de la légitimité.

La Rép. Allez, fidèles soutiens du droit divin, je saurai bien, sans vous et contre vous, assurer le triomphe de la souveraineté du peuple.

NOTES.

(1) Horace, dans son *Art poétique*, reconnaît aux peintres et aux poètes le *droit de feindre et d'imaginer* tout ce qui leur plaît. J'ai cru pouvoir m'attribuer ce beau privilége. Ce sera une licence de plus qu'on sera libre de me pardonner ou non.

(2) On sait que les légitimistes purs ne disent pas S. M. Louis-Philippe ni le Roi des Français.

(3) Les Romains appelaient ainsi le premier jour de chaque mois.

(4) La révolution de Juillet 1830.

(5) L'insurrection qui eut lieu les 5 et 6 Juin 1832, à l'occasion des obsèques du général Lamarque, et les troubles de Lyon en Novembre suivant.

(6) M. de Ludre, député de 1831-1834.

(7) Le traité de Pilnitz fut arrêté par Léopold, empereur d'Allemagne, et Frédéric-Guillaume, roi de Prusse, qui se liguèrent d'abord seuls contre la révolution française, en Août 1791. — Le traité de Vienne n'eut lieu qu'en Mai 1815.

(8) Stipulée à Londres le 15 Juillet 1840. On l'appelle le quadruple traité, bien que le sultan fût partie contractante. — Il ne faut pas

la confondre avec celle du 13 Juillet 1841, passée également à Londres, et signée cette fois par la France, qui rentre ainsi dans le concert européen.

(9) Le droit divin et la souveraineté nationale, ou le régime constitutionnel et le gouvernement absolu.

www.ingramcontent.com/pod-product-compliance
Ingram Content Group UK Ltd.
Pitfield, Milton Keynes, MK11 3LW, UK
UKHW021019220726
13924UKWH00001B/75

9 782019 170165